Impressum
Verlag: BABADADA GmbH, Nedderfeld 112 , 22529 Hamburg
Geschäftsführer / Verlagsleitung: Harald Hof
Druck: Books on Demand GmbH, In de Tarpen 42, 22848 Norderstedt

Imprint
Publisher: BABADADA GmbH, Nedderfeld 112 , 22529 Hamburg, Germany
Managing Director / Publishing direction: Harald Hof
Print: Books on Demand GmbH, In de Tarpen 42, 22848 Norderstedt

sekolo

l'école

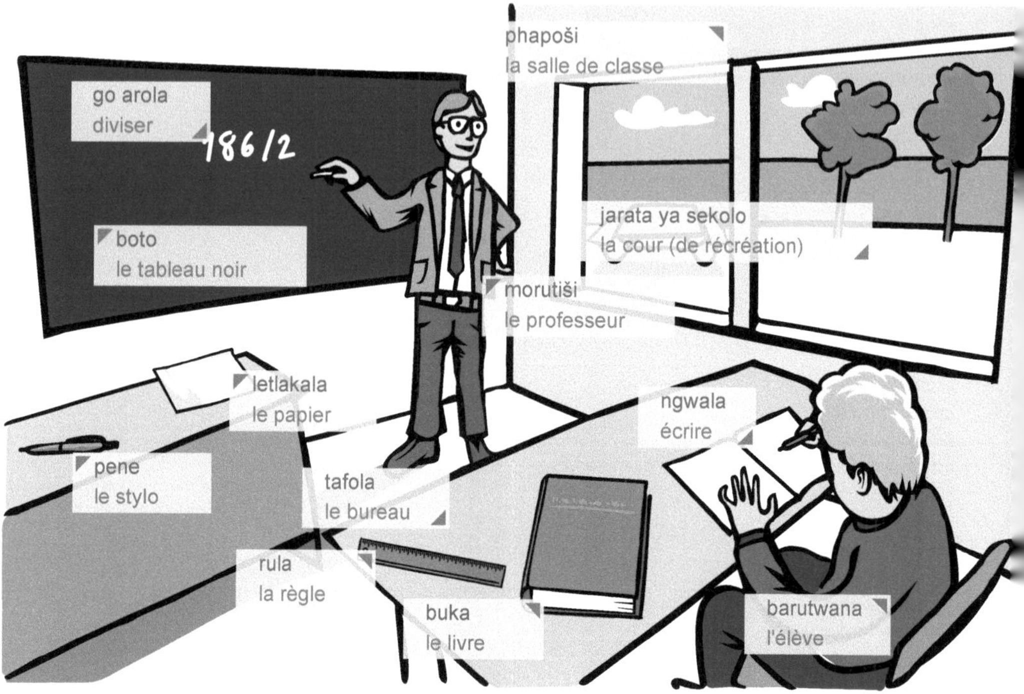
phapoši
la salle de classe
go arola
diviser
186/2
boto
le tableau noir
jarata ya sekolo
la cour (de récréation)
morutiši
le professeur
letlakala
le papier
ngwala
écrire
pene
le stylo
tafola
le bureau
rula
la règle
buka
le livre
barutwana
l'élève

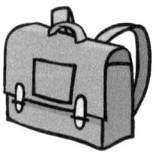

peke

le cartable

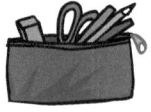

kheise ya phensele

la trousse

phensele

le crayon

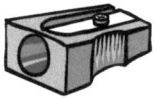

motšhene wa go betla phensele

le taille-crayon

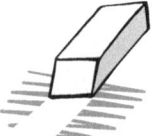

rabhara

la gomme

phede ya ho thala

le carnet à dessin

go thala
le dessin

borashe ya go penta
le pinceau

lepokisi la go penta
la boîte de peinture

sekero
les ciseaux

sekgomaretši
la colle

puku ya go ngwala
le cahier d'exercices

mošomo wa gae
les devoirs

nomoro
le chiffre

tlatša
additionner

go ntšha
soustraire

go atiša
multiplier

khalekhuleitha
calculer

lengwalo
la lettre

alefapete
l'alphabet

lentšu
le mot

mongolo

le texte

bala

lire

tšhoko

la craie

thuto

la leçon

puku ya maina

le livre de classe

thuto

l'examen

setifikeite

le certificat

diaparo tša sekolo

l'uniforme scolaire

thuto

la formation

encyclopedia

le lexique

yunibesithi

l'université

maekrosekoupo

le microscope

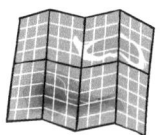

mmapa

la carte

pasekete ya matlakala a ditšhila

la corbeille à papier

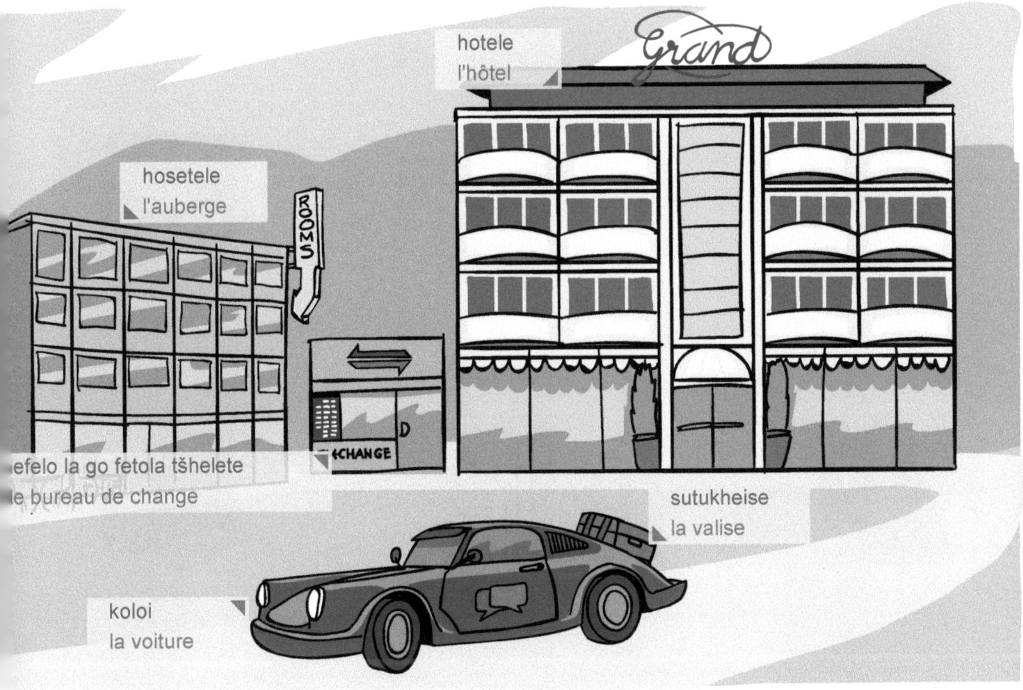

hotele
l'hôtel

hosetele
l'auberge

efelo la go fetola tšhelete
le bureau de change

sutukheise
la valise

koloi
la voiture

Leleme

la langue

ee / aowa

oui / non

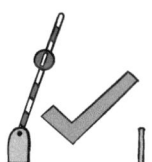

Go lokile

d'accord

Dumela

Salut

mofetoledi

l'interprète

Re a leboga

merci

... ke bokae?

Combien coûte...?

ga ke kwešiše

Je ne comprends pas

bothata

le problème

Thobela!

Bonsoir !

Meso e mebotse!

Bonjour !

Robala botse!

Bonne nuit !

šala gabotse

Au revoir

keletšo ya tsela

la direction

peke

les bagages

peke

le sac

mokotla wa dipuku

le sac-à-dos

moeng

l'hôte

phapoši

la pièce

pekana ya go robala

le sac de couchage

mokhukhu

la tente

boitsebišo bja moeti

l'office de tourisme

lewatleng

la plage

karata ya mokitlana

la carte de crédit

dijo tša mesong

le petit-déjeuner

matena

le déjeuner

dijo tša mantšiboa

le dîner

thikethe

le billet

lifithi

l'ascenseur

setempe

le timbre

border

la frontière

setlwaedi

la douane

embassy

l'ambassade

visa

le visa

phasepoto

le passeport

senamelwa

le transport

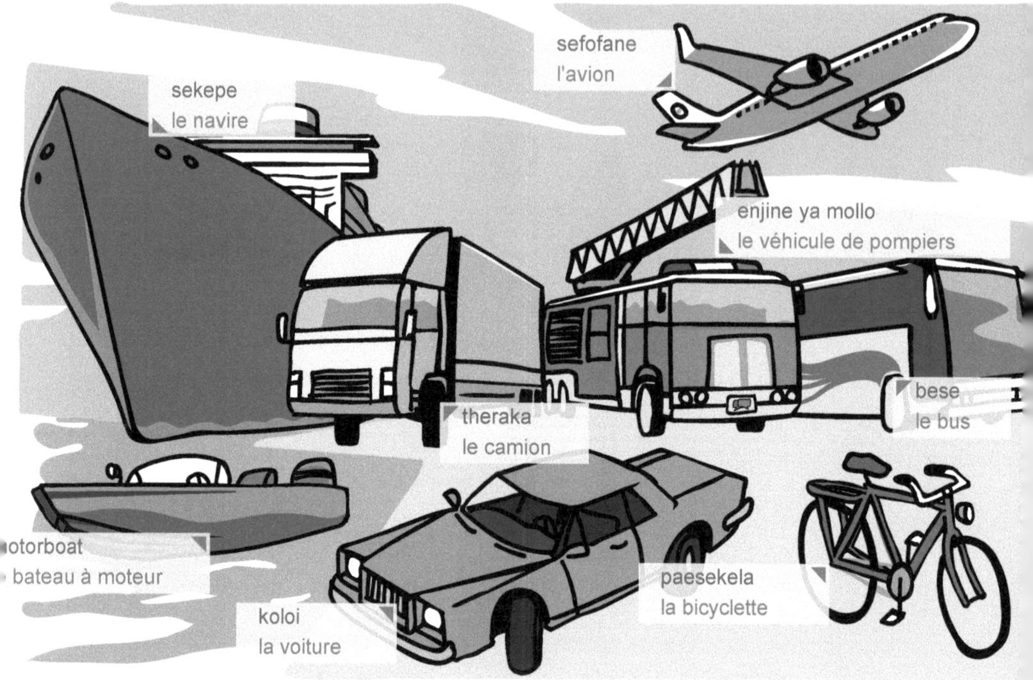
sefofane
l'avion
sekepe
le navire
enjine ya mollo
le véhicule de pompiers
theraka
le camion
bese
le bus
otorboat
bateau à moteur
koloi
la voiture
paesekela
la bicyclette

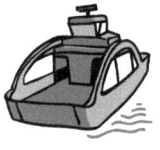

feri

le ferry

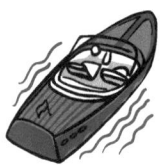

sekepe

la barque

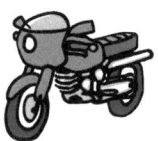

sethuthuthu

la moto

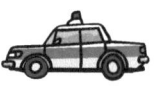

koloi ya maphodisa

la voiture de police

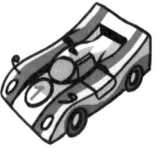

koloi ya go šiašiana

la voiture de course

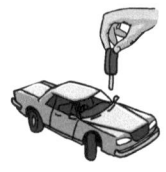

koloi ya go rentišwa

la voiture de location

go arogana koloi

l'auto-partage

theraka ya go goga

la voiture de remorquage

theraka ya ditlakala

la benne à ordures

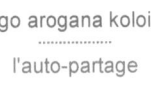

mmotho

le moteur

makhura

l'essence

seteišene sa makhura

la station d'essence

leswao la therafiki

le panneau indicateur

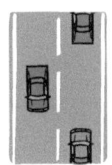

therafiki

le trafic

therafiki

l'embouteillage

efelo la go phaka dikoloi

le parking

seteišene sa terene

la gare

tsela

les rails

terene

le train

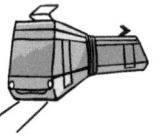

theramo

le tramway

koloi

le wagon

sefofane

l'hélicoptère

boemafofane

l'aéroport

serokami

la tour

monamedi

le passager

seswari

le conteneur

lepokisana

le carton

khathe

le chariot

basket

la corbeille

go tloga / go kwatama

décoller / atterrir

toropo
la ville

motse

le village

bogareng bja toropo

le centre-ville

ntlo

la maison

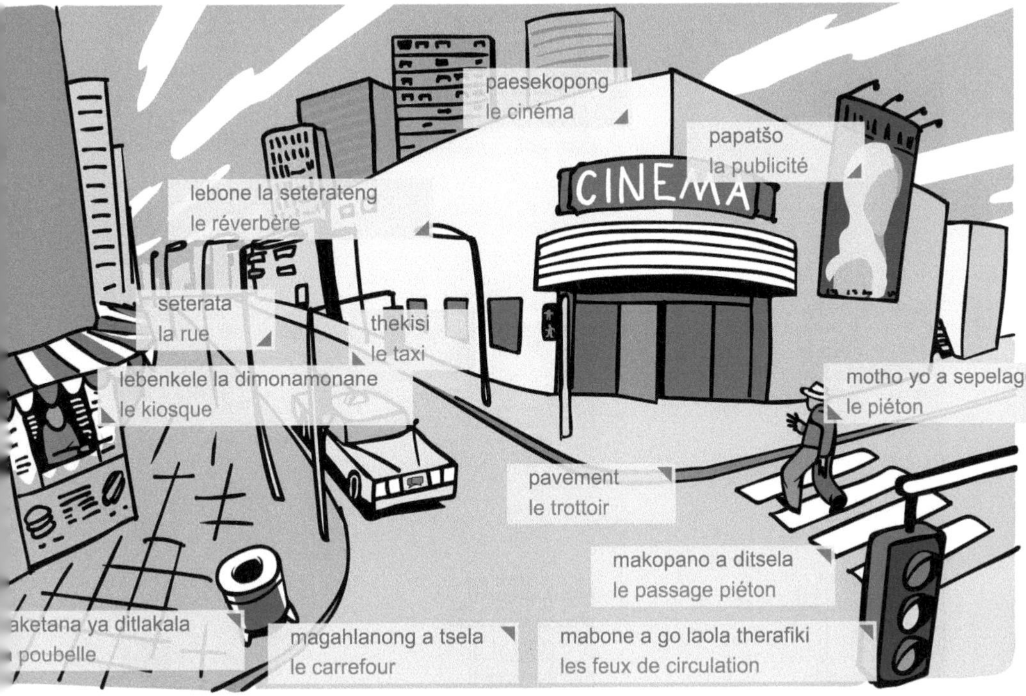
paesekopong
le cinéma
papatšo
la publicité
CINEMA
lebone la seterateng
le réverbère
seterata
la rue
thekisi
le taxi
lebenkele la dimonamonane
le kiosque
motho yo a sepelag
le piéton
pavement
le trottoir
makopano a ditsela
le passage piéton
aketana ya ditlakala
poubelle
magahlanong a tsela
le carrefour
mabone a go laola therafiki
les feux de circulation

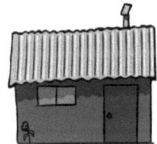

mokutwana

la cabane

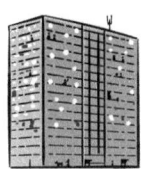

folete

l'appartement

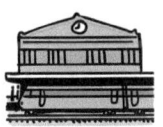

seteišene sa terene

la gare

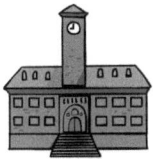

holo ya toropong

la mairie

MUSEUM

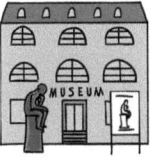

museamo

le musée

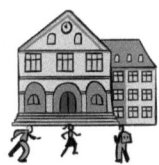

sekolo

l'école

yunibesithi

l'université

panka

la banque

sepetlele

l'hôpital

hotele

l'hôtel

lebenkele la dihlare

la pharmacie

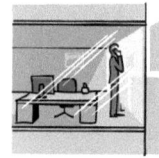

ofisi

le bureau

lebenkele la dipuku

la librairie

lebenkele la dijo

le magasin

lebenkele la matšoba

le fleuriste

lebenkele la dihlare

le supermarché

mmakete

le marché

lebenkele la dilo tše dintši

le grand magasin

fishmonger's

la poissonnerie

lefelo la mabenkele

le centre commercial

boemakepe

le port

phaka
le parc

bench
la banque

leporogo
le pont

ditepisi
les escaliers

ka tlase
le métro

thanele
le tunnel

boemela pese
l'arrêt de bus

bar
le bar

lebenkele la dijo
le restaurant

lepokisi la poso
la boîte à lettres

leswao la seterata
le panneau indicateur

mithara wa go phaka koloi
le parcmètre

zuu
le zoo

letamo la go rutha
le réverbère

lefelo la mamoseleme
la mosquée

polasa

la ferme

tšhilafalo

la pollution

mabitla

la cimetière

kereke

l'église

lefelo la go bapala

l'aire de jeux

tempele

le temple

lefelo la dithaba
le paysage

letlakala
la feuille

leswao la tsela
le panneau indicateur

tsela
le chemin

lefelo kgauswi le noka
le pré

letlapa
la pierre

mophara thaba
le randonneur

mohlare
l'arbre

noka
la rivière

bjang
l'herbe

letšoba
la fleur

tsela

la vallée

thaba

la montagne

letangwana la meetsi

le lac

sethokgwa

la forêt

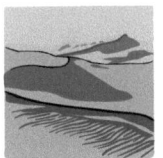

leganata

le désert

thabamollo

le volcan

ntlo e kgolo

le château

molalatladi

l'arc-en-ciel

mushroom

le champignon

palm tree

le palmier

monang

le moustique

fofa

la mouche

ditšhošwane

les fourmis

nosi

l'abeille

segokgo

l'araignée

khunkhwane

le coléoptère

segwagwa

la grenouille

squirrel

l'écureuil

noko

le hérisson

mmutla

le lièvre

leribiši

la chouette

nonyana

l'oiseau

mogolodi

le cygne

kolobe ya naga

le sanglier

phuthi

le cerf

phuthi

l'élan

letamo

le barrage

wind turbine

l'éolienne

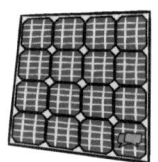

phanele ya solar

le panneau solaire

leratadima

le climat

lebenkele la dijo
le restaurant

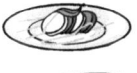

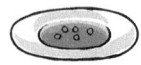

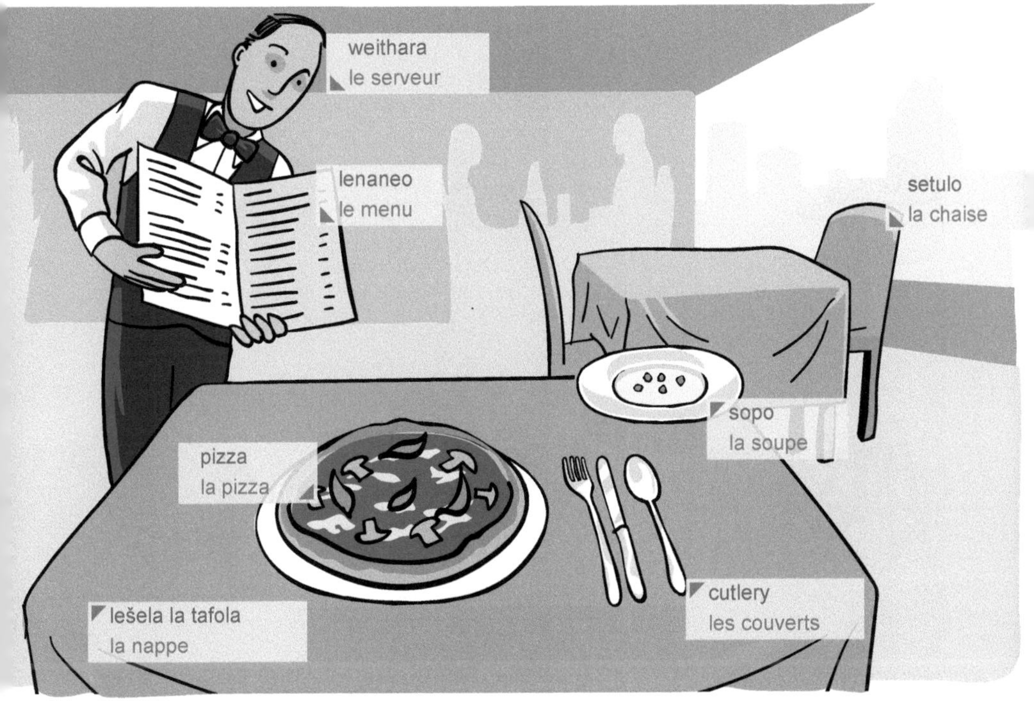
weithara
le serveur
lenaneo
le menu
setulo
la chaise
sopo
la soupe
pizza
la pizza
cutlery
les couverts
lešela la tafola
la nappe

dijo tša mathomo

les hors d'œuvre

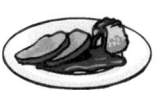

dijo

le plat principal

dimonamonane

le dessert

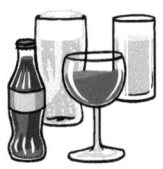

dino

les boissons

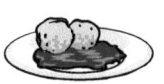

dijo

l'alimentation

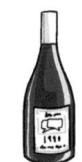

lepotlelo la ngwana

la bouteille

fastfood

le fast-food

dijo tša seterateng

les plats à emporter

ketlele ya tea

la théière

poleitana swikiri

le sucrier

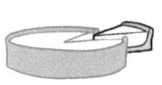

karolo

la portion

motšhene wa espresso

la machine à expresso

setulo sa godimo

la chaise haute

tefo

la facture

therei

le plateau

thipa

le couteau

foroko

la fourchette

lelepola

la cuillère

lelepola

la cuillère à thé

lešela la go iphomola

la serviette

galase

le verre

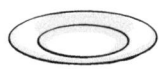

poleite

l'assiette

poleite ya sopo

l'assiette à soupe

sosara

la soucoupe

moroto

la sauce

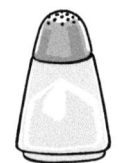

poto ya letswai

la salière

sešila phepha

le moulin à poivre

vinegar

le vinaigre

makhura

l'huile

sepaese

les épices

tamatisoso

le ketchup

masetete

la moutarde

mayonnaise

la mayonnaise

lebenkele la dihlare

le supermarché

dithekišo tša tlase
l'offre promotionnelle
FOR
moreki
le client
dijo tša go ba le maswi
les produits laitiers
dikenywa
les fruits
teroli
le chariot

BUTCHERS

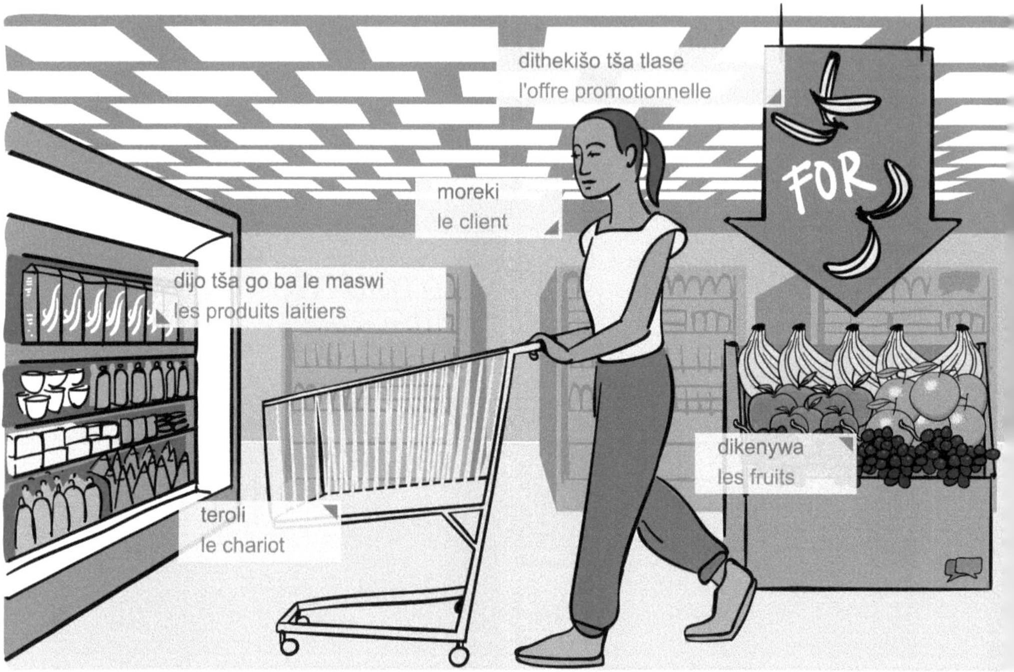

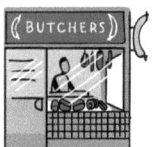

selaga

la boucherie

BAKERY

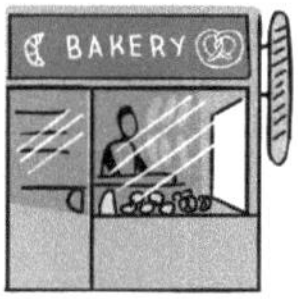

moapei wa dikuku

la boulangerie

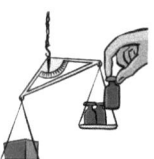

kala

peser

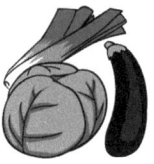

merogo

les légumes

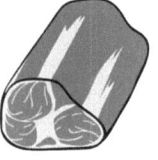

nama

la viande

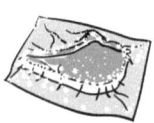

dijo tše gahlišitšwego

les aliments surgelés

nama ya go tonya

la charcuterie

tinned food

les conserves

sešepi sa go hlatswa

la poudre à lessive

dimonamonane

les bonbons

dilo tša ka ntlong

les articles ménagers

didirišwa tša go hlwekiša

les détergents

morekiši

la vendeuse

till

la caisse

morekiši

le caissier

naneo la tše rekišwago

la liste d'achats

diiri tša go bula

les heures d'ouverture

sepatšhe

le portefeuille

karata ya mokitlana

la carte de crédit

peke

le sac

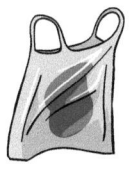

peke ya polasetiki

le sac en plastique

les boissons

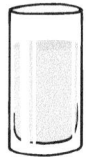

meetsi

l'eau

Juice

le jus de fruit

maswi

le lait

coke

le coca

beine

le vin

bhiri

la bière

bjala

l'alcool

cocoa

le chocolat chaud

tea

le thé

kofi

le café

espresso

l'expresso

cappuccino

le cappuccino

banana

la banane

apola

la pomme

namome

l'orange

melon

le melon

namone

le citron.

carrot

la carotte

garlic

l'ail

bamboo

le bambou

keiye

l'oignon

mushroom

le champignon

ditokomane

les noisettes

noodles

les pâtes

spaghetti

les spaghetti

raese

le riz

salate

la salade

ditšhipisi

les pommes frites

matapola a gadikilwego

les pommes de terre rôties

pizza

la pizza

hambeka

le hamburger

sandwich

le sandwich

cutlet

l'escalope

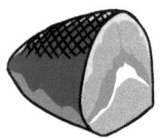

ham

le jambon

salami

le salami

sausage

la saucisse

kgogo

le poulet

gadika

le rôti

hlaphi

le poisson

bogobe bja oats

les flocons d'avoine

muesli

le muesli

cornflakes

les cornflakes

folouro

la farine

croissant

le croissant

dipanse

les petits-pains

borotho

le pain

toaster

le pain grillé

dipisikiti

les biscuits

botoro

le beurre

curd

le fromage blanc

kuku

le gâteau

lee

l'œuf

lee le gadikilwego

l'œuf au plat

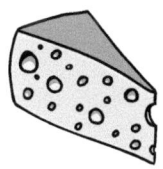

tshese

le fromage

ice cream

la glace

swikiri

le sucre

todi ya dinosi

le miel

jeme

la confiture

chocolate spread

la crème nougat

curry

le curry

polasa
la ferme

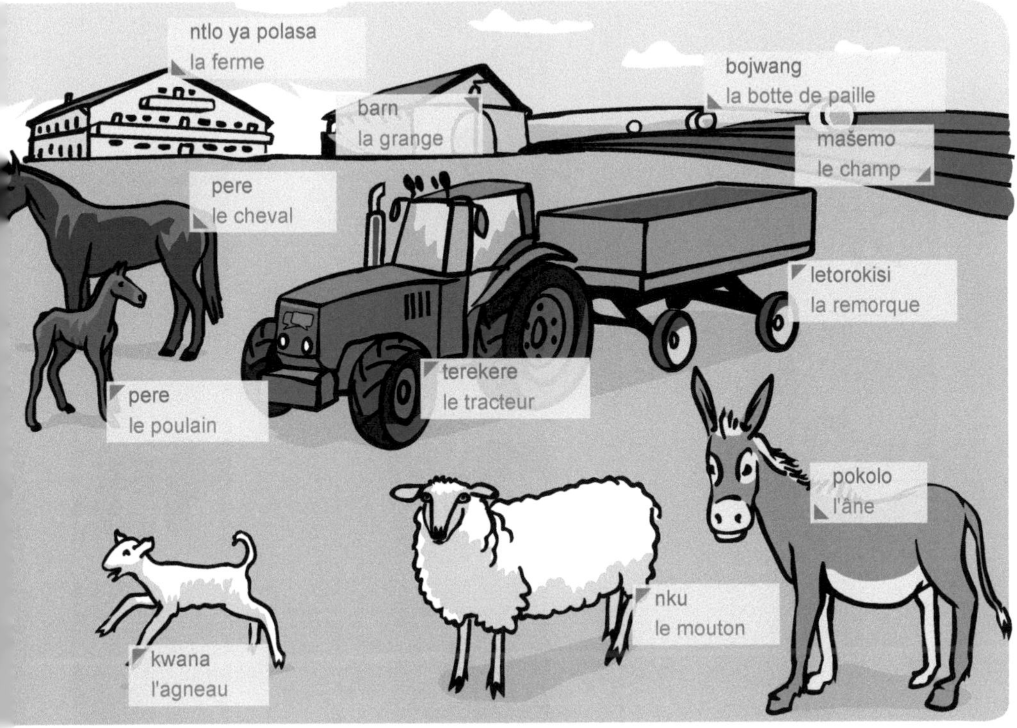

ntlo ya polasa
la ferme
barn
la grange
bojwang
la botte de paille
mašemo
le champ
pere
le cheval
letorokisi
la remorque
terekere
le tracteur
pere
le poulain
pokolo
l'âne
nku
le mouton
kwana
l'agneau

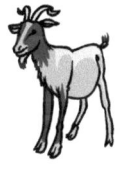

pudi

la chèvre

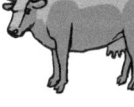

kgomu

la vache

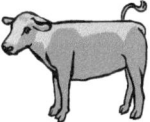

namane

le veau

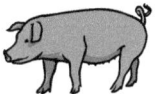

kolobe

le porc

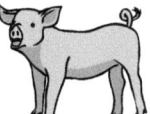

kolobjana

le porcelet

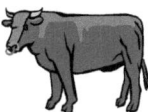

poo

le taureau

leganse

l'oie

leganse

le canard

letswienyane

le poussin

kgogo

la poule

mokoko

le coq

legotlo

le rat

katse

le chat

legotlo

la souris

pholo

le bœuf

mpšha

le chien

ntlwana ya mpšha

le chenil

lethompo la seratswana

le tuyau de jardin

khene ya meetse

l'arrosoir

peke

la faucheuse

megoma ya terekere

la charrue

sekele

la faucille

mogoma

la pioche

foroko

la fourche

selepe

la hache

kiribai

la brouette

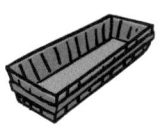

letangwana la meetsi

la cuve

khene ya maswi

le pot à lait

lesaka

le sac

fense

la clôture

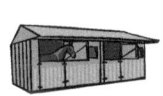

stable

l'étable

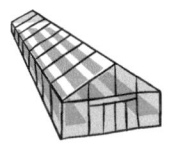

ntlwana ya galase ya
dihlare

le serre

mobu

le sol

peu

les semences

manyora

l'engrais

motšhene wa go buna

la moissonneuse-batteuse

buna

récolter

buna

la récolte

tse monate

l'igname

korong

le blé

soy

le soja

letapola

la pomme de terre

korong

le maïs

rapeseed

le colza

mohlare wa dikenywa

l'arbre fruitier

cassava

le manioc

disereale

les céréales

ntlo
la maison

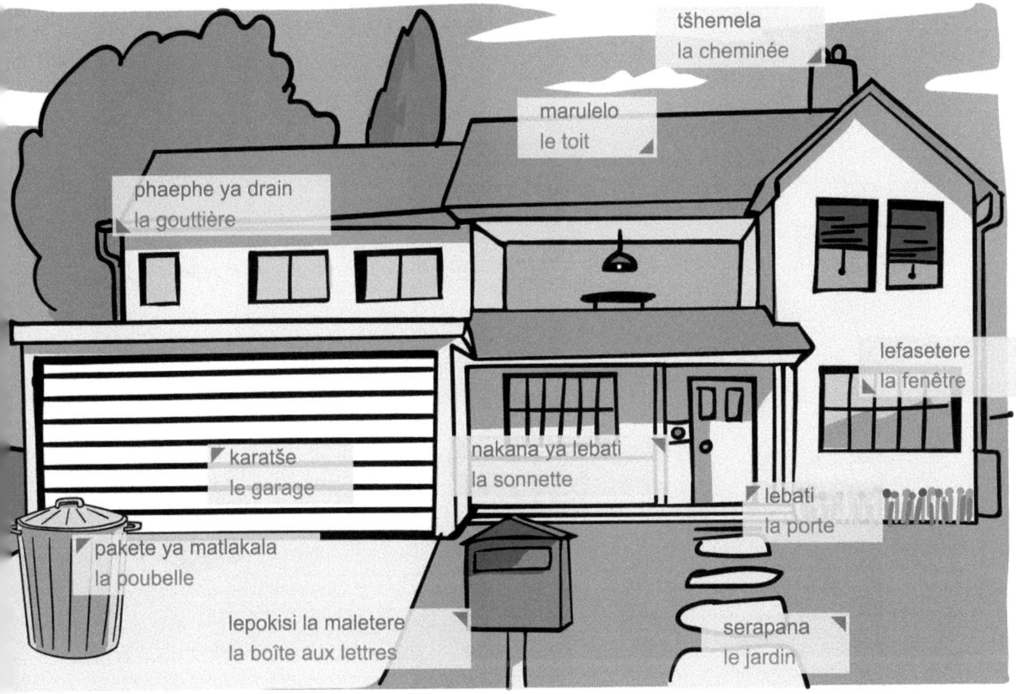

tšhemela
la cheminée
marulelo
le toit
phaephe ya drain
la gouttière
lefasetere
la fenêtre
karatše
le garage
nakana ya lebati
la sonnette
lebati
la porte
pakete ya matlakala
la poubelle
lepokisi la maletere
la boîte aux lettres
serapana
le jardin

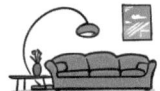

phapoši ya go dula

le salon

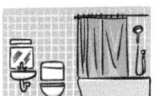

kamora ya go hlapela

la salle de bain

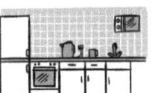

boapeelo

la cuisine

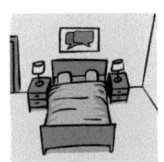

phapoši ya go robala

la chambre à coucher

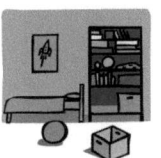

phapoši ya bana

la chambre d'enfant

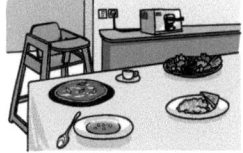

lefelo la boiketlo

la salle à manger

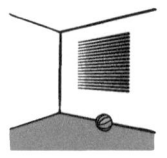

fase
....
le sol

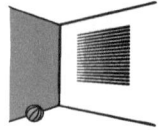

lebota
....
le mur

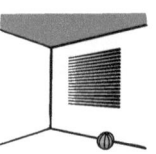

siling
....
le plafond

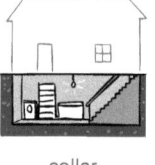

cellar
....
la cave

sauna
....
le sauna

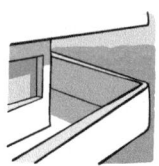

letsikangope
....
le balcon

lelapa
....
la terrasse

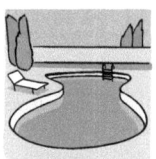

letamo la go rutha
....
la piscine

motšhene wa go sega bjang
....
la tondeuse à gazon

lešela la go iphomola
....
la housse

lešela la mpeto
....
la couette

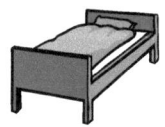

mpeto
....
le lit

leswielo
....
le balai

pakete
....
le sceau

pholaka
....
l'interrupteur

phapoši ya go dula
le salon

senepe sa sedirišwa
le papier peint
senepe
l'image
lebone
la lampe
shelofe
l'étagère
khaboto
l'armoire
lefelo la mollo
la cheminée
thelebišene
la télé
letšoba
la fleur
kobo
le coussin
sofa
le sofa
vase
le vase
remote control
la télécommande

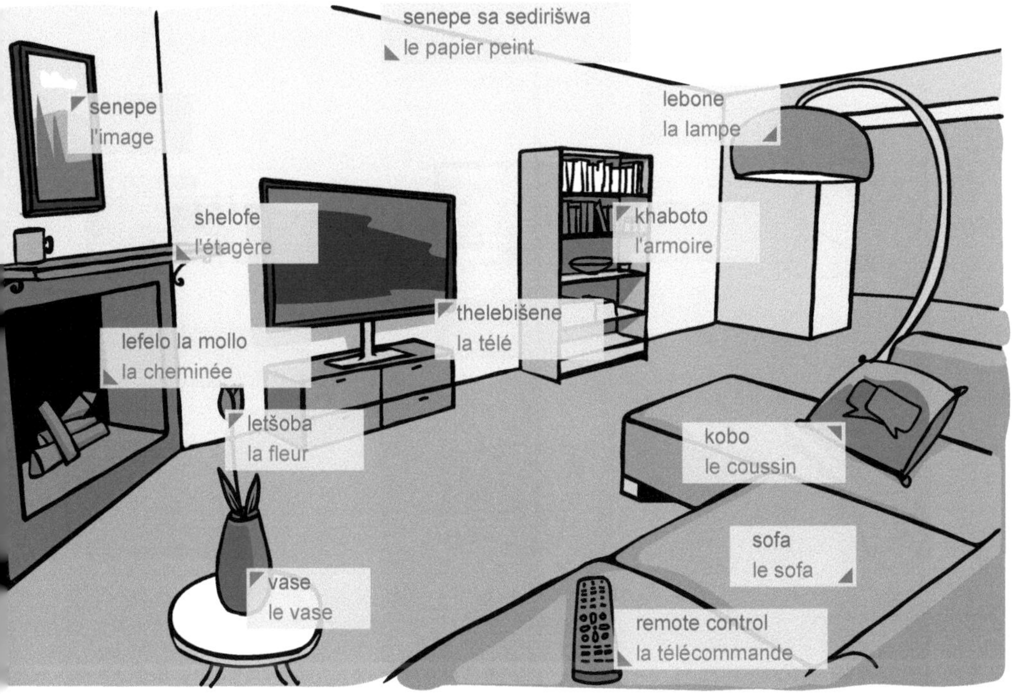

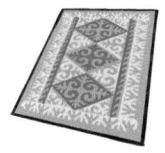

khaphete

le tapis

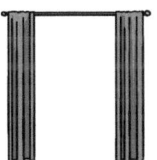

garetene

le rideau

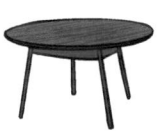

tafola

la table

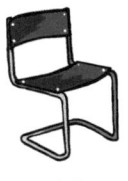

setulo

la chaise

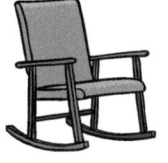

rocking chair

la chaise à bascule

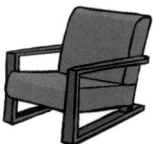

armchair

le fauteuil

buka

le livre

kobo

la couverture

bokgabišo

la décoration

dikota tša mollo

le bois de chauffage

filimi

le film

sedirišwa sa hi-fi

la chaîne hi-fi

senotlelo

la clé

kuranta

le journal

go penta

la peinture

phouseta

le poster

radio

la radio

pukwana ya go ngwala

le bloc-notes

motšhene wa go hlwekiša

l'aspirateur

mohlašana wa cactus

le cactus

kerese

la bougie

boapeelo
la cuisine

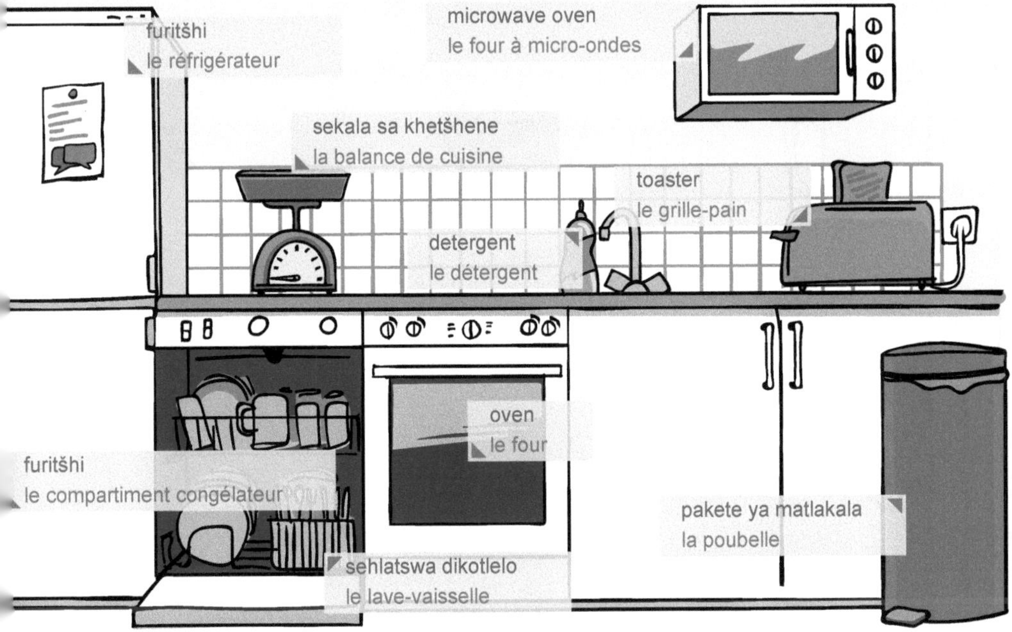
furitšhi
le réfrigérateur
microwave oven
le four à micro-ondes
sekala sa khetšhene
la balance de cuisine
toaster
le grille-pain
detergent
le détergent
oven
le four
furitšhi
le compartiment congélateur
pakete ya matlakala
la poubelle
sehlatswa dikotlelo
le lave-vaisselle

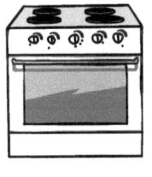

moapei
le four

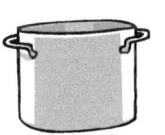

pitša
la casserole

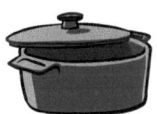

cast-iron pot
la marmite

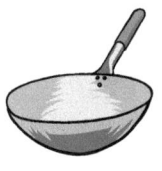

wok / kadai
le wok / kadai

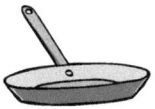

pane
la poêle

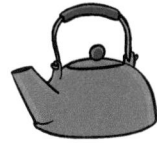

ketlele
la bouilloire electrique

steamer
le cuiseur vapeur

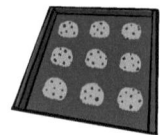

therei ya go paka
la plaque de cuisson

dikotlelo
la vaisselle

komiki
le gobelet

mogopo
la coupe

diphathana tša go ja
les baguettes

lelepola la ladle
la louche

spatula
la spatule

whisk
le fouet

strainer
la passoire

sefo
le tamis

kereitara
la râpe

mortar
le mortier

barbecue
le barbecue

thuntšha
la cheminée

boto ya dijo

la planche à découper

rolling pin

le rouleau à pâtisserie

sebula lepotlelo

le tire-bouchon

khene

la boîte

sebula khene

l'ouvre-boîte

seswara dipoto

les maniques

sinki

le lavabo

borashe

la brosse

sepontše

l'éponge

sehlakanyi

le mixeur

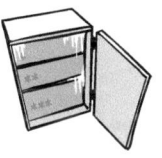

freezer

le congélateur

lepotlelo la ngwana

le biberon

pompi

le robinet

kamora ya go hlapela

la salle de bain

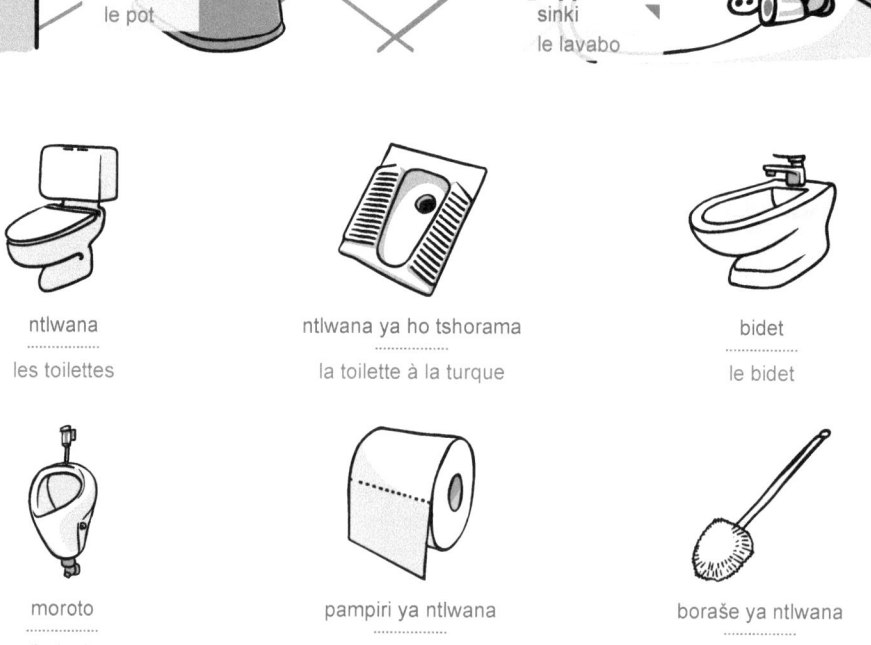

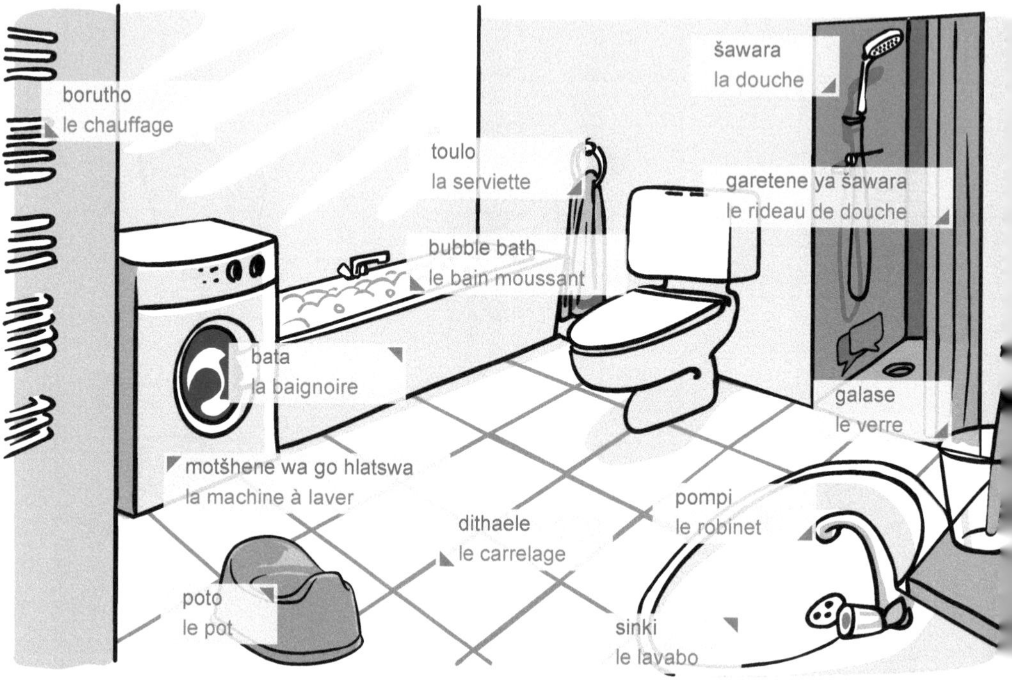

šawara
la douche
borutho
le chauffage
toulo
la serviette
garetene ya šawara
le rideau de douche
bubble bath
le bain moussant
bata
la baignoire
galase
le verre
motšhene wa go hlatswa
la machine à laver
pompi
le robinet
dithaele
le carrelage
poto
le pot
sinki
le lavabo

ntlwana

les toilettes

ntlwana ya ho tshorama

la toilette à la turque

bidet

le bidet

moroto

l'urinoir

pampiri ya ntlwana

le papier toilette

borašе ya ntlwana

la brosse à toilette

oraše ya ho hlapa meno

la brosse à dents

sešepi sa meno

le dentifrice

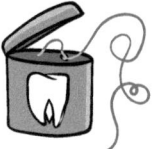

floss ya meno

le fil dentaire

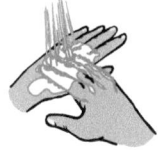

hlatswa

laver

shawara ya go swarwa ka matsogo

la douche manuelle

douche

la douche intime

basin

la vasque

back brush

la brosse dorsale

sešepi

le savon

sešepi sa ka šawareng

le gel douche

shampoo

le shampooing

folene

le gant de toilette

drain

l'écoulement

sa go tlola

la crème

senkgiša bose

le déodorant

seipone

le miroir

sepili se senyenyane

le miroir cosmétique

legare

le rasoir

shaving foam

la mousse à raser

aftershave

l'après-rasage

kamo

la peigne

boraše

la brosse

derayara ya moriri

le sèche-cheveux

setlola sa moriri

la laque pour cheveux

makeup

le fond de teint

setlola sa molomo

le rouge à lèvres

varnish ya manala

le vernis à ongles

wulu

l'ouate

sekero sa dinala

le coupe-ongles

phefumo

le parfum

pekana ya tša go hlapa

la trousse de toilette

setulo

le tabouret

sekala

le pèse-personne

toulwana ya go hlapa

le peignoir

ditlelafo tša rabara

les gants de nettoyage

tampon

le tampon

toulo ya go phumula matsogo

es serviettes hygiéniques

ntlwana ya dikhemikhale

la toilette chimique

phapoši ya bana

la chambre d'enfant

watšhe ya alamo
le réveil
mpopi
le doudou
koloi ya go bapadiša
la voiture jouet
rattle ya bana
le hochet
ntlo ya mepopi
la maison de poupée
present
le cadeau

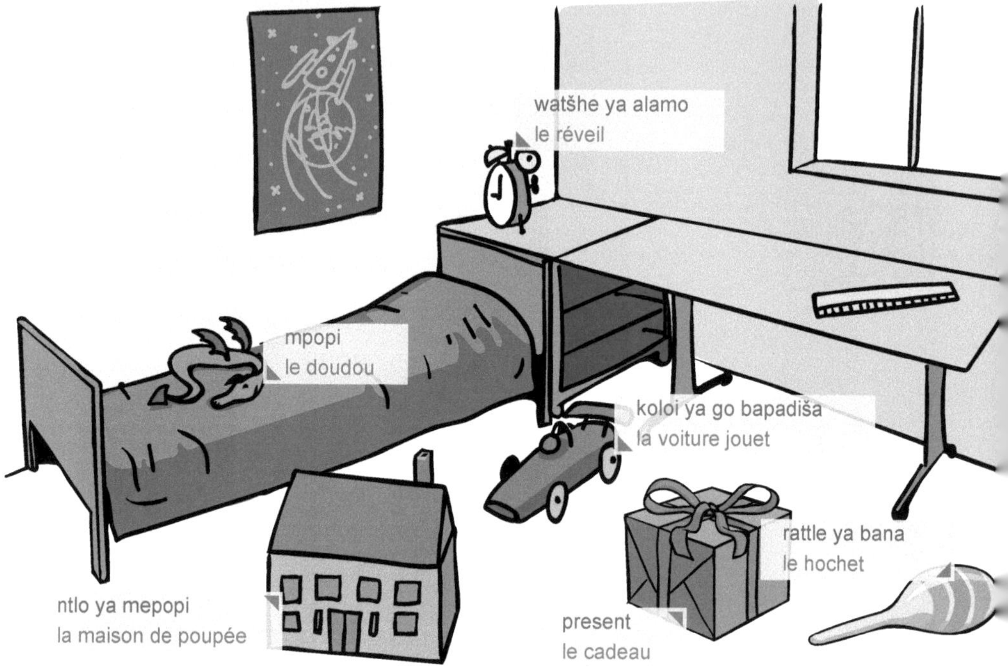

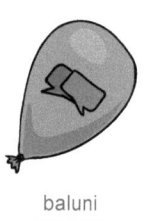

baluni

le ballon

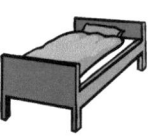

mpeto

le lit

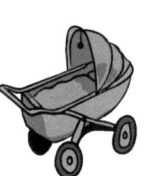

phorema

la poussette

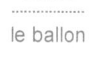

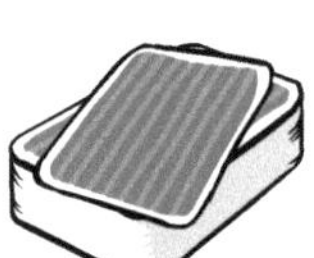

dikarata

le jeu de cartes

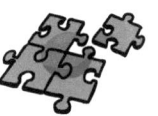

papadi ya jigsaw

le puzzle

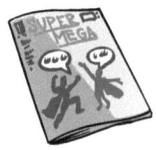

metlae

la bande dessinée

papadi ya lego bricks

les pièces lego

papadi ya building blocks

les blocs de construction

action figure

la figurine

go gola ga ngwana

la grenouillère

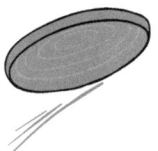

papadi ya Frisbee

le frisbee

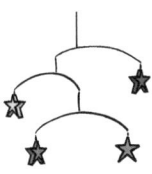

mobile

le mobile

papadi ya boto

le jeu de société

letaese

le dé

model train set

le train miniature

tami

la sucette

phathi

la fête

puku ya dinepe

le livre d'images

kgwele

la balle

mpopi

la poupée

bapala

jouer

sandpit

le bac à sable

swing

la balançoire

tša go bapadiša

les jouets

sedirišwa sa dipapadi tša bidio

la console de jeu

paesekele ya bana

le tricycle

teddy bear

l'ours en peluche

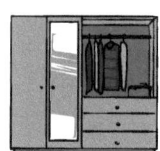

oteropo

l'armoire

diaparo

les vêtements

masokisi

les chaussettes

masokisi

les bas

pentihouso

le collant

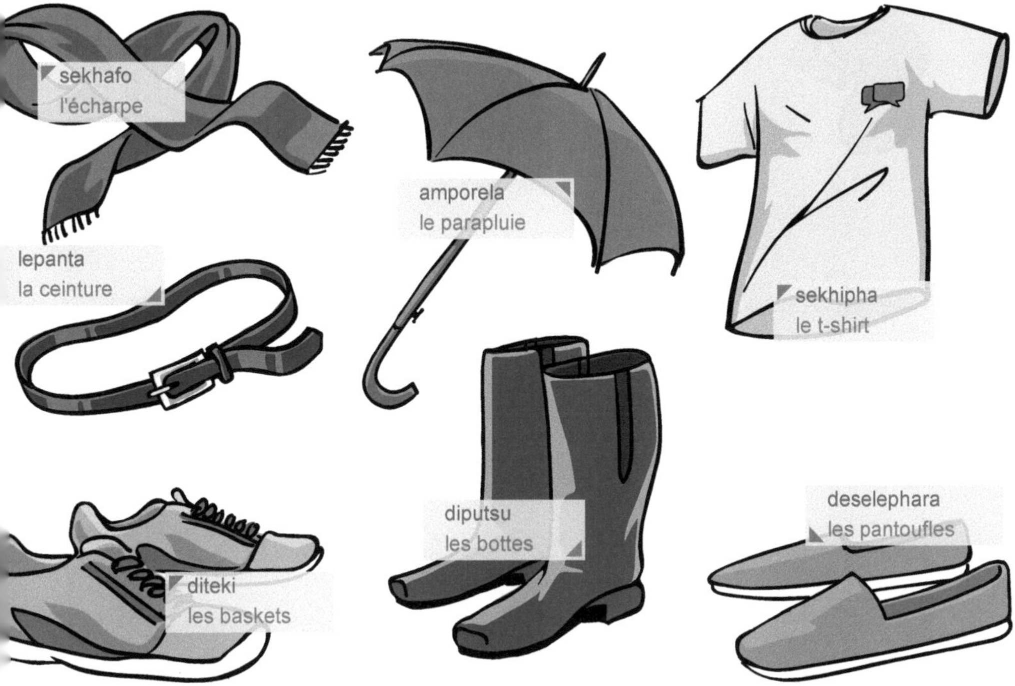

sekhafo
l'écharpe

lepanta
la ceinture

amporela
le parapluie

sekhipha
le t-shirt

diputsu
les bottes

deselephara
les pantoufles

diteki
les baskets

ramphešane
....
les sandales

dieta
....
les chaussures

diputsu tša rabara
....
les bottes de caoutchouc

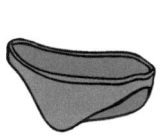

orokgwana bja ka fase
....
les sous-vêtements

seaparo sa bra
....
le soutien-gorge

besete
....
le maillot de corps

mmele

le body

marokgo

le pantalon

pokathe

le jean

sekhethe

la jupe

seaparo sa blouse

le chemisier

hempe

la chemise

jase

le pull

jase

le sweat à capuche

seaparo sa blazer

la veste

baki

la veste

jase

le manteau

jase ya pula

l'imperméable

khosetumo

le costume

roko

la robe

lešira

la robe de mariée

sutu

le costume

seaparo sa go robala

la chemise de nuit

dipejama

le pyjama

sari

le sari

sekafo

le foulard

turban

le turban

seaparo sa burqa

la burqa

roko ya kaftan

le caftan

abaya

l'abaya

seaparo sa go rutha

le maillot de bain

diteranka

le maillot de bain

marukgwana a manyenyane

le short

terekesutu

a tenue d'entraînement

apron

le tablier

ditlelafo

les gants

konope

le bouton

digalase

les lunettes

boreiselete

le bracelet

nekeleise

le collier

palamonwana

la bague

lengena

la boucle d'oreille

kepisi

le bonnet

hengere ya jase

le cintre

kefa

le chapeau

thai

la cravate

zip

la fermeture éclair

helmete

le casque

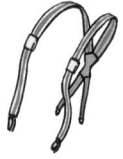

braces

les bretelles

diaparo tša sekolo

l'uniforme scolaire

unifomo

l'uniforme

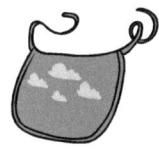

seaparo sa bib

le bavoir

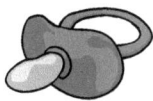

tami

la sucette

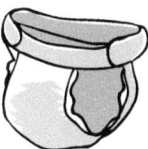

mongato

la lange

ofisi

le bureau

sebara
le serveur
lekase la difaele
l'armoire d'archivage
phrinthara
l'imprimante
etlakala
e papier
monitharaw
l'écran
tafola
le bureau
mouse
la souris
foldara
le classeur
keybhoto
le clavier
te ya matlakala a ditšhila
eille à papier
setulo
la chaise
khomphutha
l'ordinateur

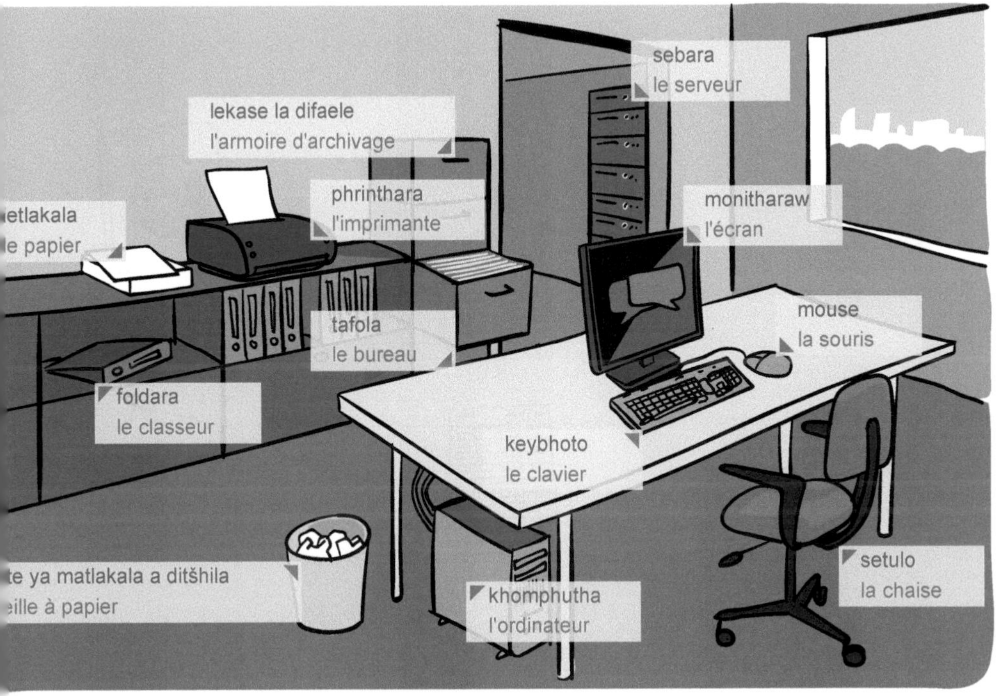

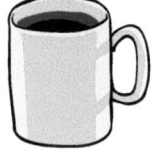

komiki ya kofi

la tasse de café

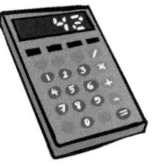

khalekhuleitha

la calculatrice

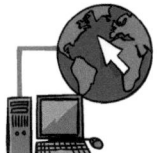

inthanete

l'internet

laptop

l'ordinateur portable

lengwalo

la lettre

molaetša

le message

mogalathekeng

le portable

netweke

le réseau

motšhene wa go photokhopa

la photocopieuse

software

le logiciel

mogala

le téléphone

pholaka ya sokete

la prise

motšhine wa go fekesa

le fax

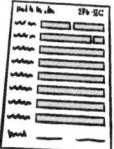

fomo

le formulaire

dipampiri

le document

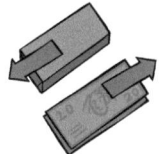

reka
....
acheter

lefa
....
payer

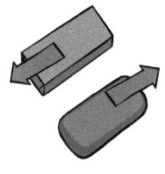

rekiša
....
faire du commerce

tšhelete
....
la monnaie

dollar
....
le dollar

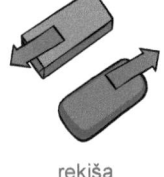

euro
....
l'euro

yen
....
le yen

rouble
....
le rouble

Swiss franc
....
le franc suisse

renminbi yuan
....
le renminbi yuan

rupee
....
la roupie

lefelo la go ntšha tšhelete

....
le distributeur automatique

lefelo la go fetola tšhelete
....
le bureau de change

gauta
....
l'or

silifera
....
l'argent

oil
....
le pétrole

matla
....
l'énergie

poraese
....
le prix

konteraka
....
le contrat

motšhelo
....
la taxe

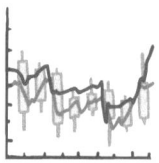

setokho
....
l'action

mošomo
....
travailler

mošomi
....
l'employé

mothwadi
....
l'employeur

feketori
....
l'usine

lebenkele la dijo
....
le magasin

lephodisa
l'agent de police

setimamollo
le pompier

apea
le cuisinier

ngaka
le médecin

mofofiši wa difofane
le pilote

ohlokomedi wa dirapana

le jardinier

mmetli

le menuisier

moroki

la couturière

moahlodi

le juge

khemise

le chimiste

mmapadi

l'acteur

mootledi wa pase

le conducteur de bus

mootledi wa thekisi

le chauffeur de taxi

moswara dihlapi

le pêcheur

mosadi wa go hlwekiša

la femme de ménage

molokiša marulelo

le couvreur

weithara

le serveur

motsomi

le chasseur

motho wa go penta

le peintre

mopaki

le boulanger

electrician

l'électricien

moagi

l'ouvrier

moenjeneare

l'ingénieur

selaga

le boucher

polambara

le plombier

mosepediši wa poso

le facteur

mohlabani

le soldat

mothadi wa dintlo

l'architecte

morekiši

le caissier

molemi wa matšoba

le fleuriste

mologi wa moriri

le coiffeur

molaodi

le contrôleur

mekhenikhe

le mécanicien

mokapotene

le capitaine

ngaka ya meno

le dentiste

rathutamahlale

le scientifique

moruti

le rabbin

moetapele wa dithapelo

l'imam

monk

le moine

moruti

le prêtre

didirišwa

les outils

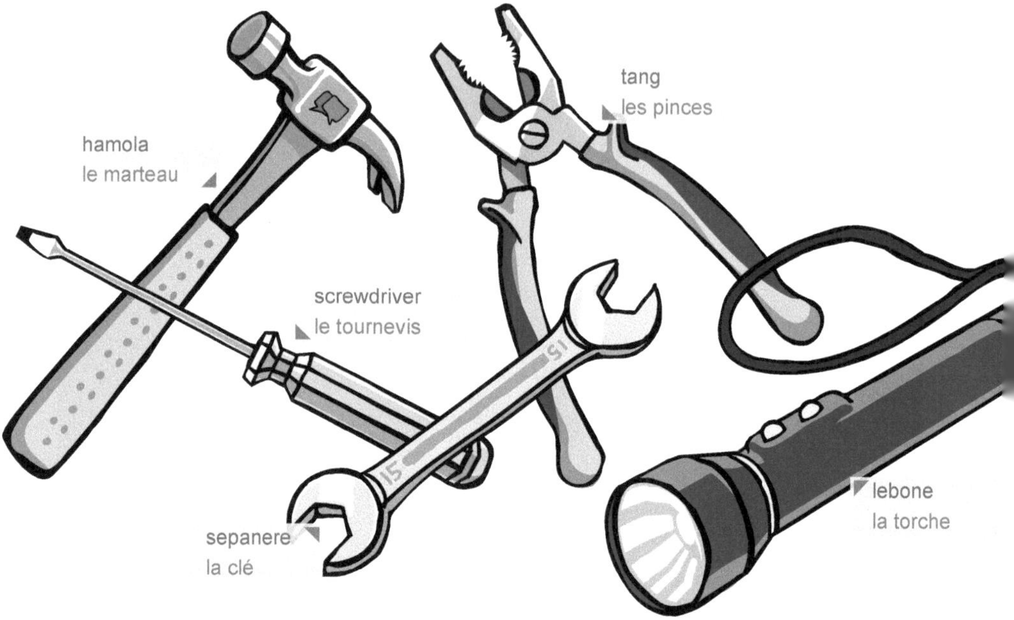
hamola
le marteau
tang
les pinces
screwdriver
le tournevis
sepanere
la clé
lebone
la torche

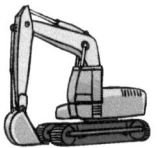

seepi

la pelleteuse

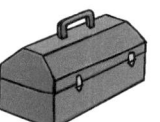

lepokisi la dithulusi

la boîte à outils

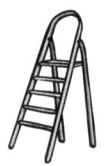

llere

l'échelle

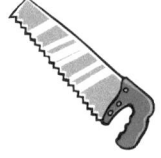

saga

la scie

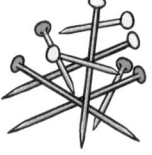

dipikiri

les clous

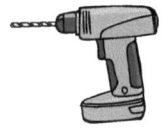

sebori

la perceuse

lokiša
....
réparer

garafo
....
la pelle

ijoo!
....
Mince !

seolela matlakala
....
la pelle

pitša ya pente
....
le pot de peinture

sekurufu
....
les vis

didirišwa tša mmino
les instruments de musique

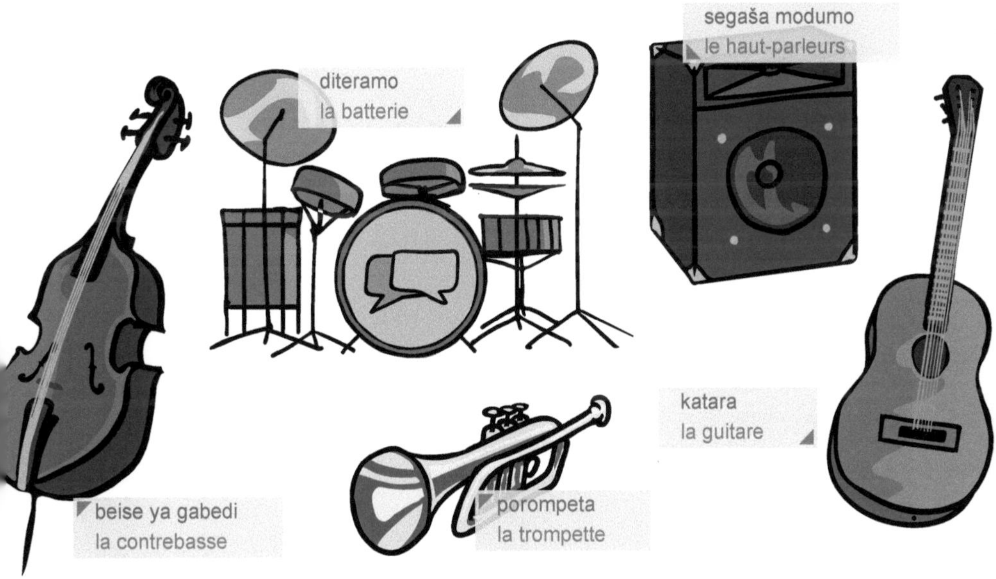

segaša modumo
le haut-parleurs

diteramo
la batterie

katara
la guitare

beise ya gabedi
la contrebasse

porompeta
la trompette

piano

le piano

violin

le violon

beise

la basse

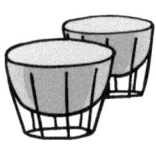

timpani

les timbales

diteramo

le tambour

keybhoto

le piano électrique

saxophone

le saxophone

phala

la flûte

mmaekrofouno

le microphone

tsela ya go tsena
l'entrée

lengau
le tigre

legaga
la cage

pitse
le zèbre

dijo tša diphoofolo
l'alimentation animale

bere
le panda

diphoofolo

les animaux

tlou

l'éléphant

kangaroo

le kangourou

tšhukudu

le rhinocéros

gorilla

le gorille

bere

l'ours

kamela

le chameau

mpšhe

l'autruche

tau

le lion

tšhwene

le singe

nonyana ya flamingo

le flamand rose

nonyana ya parrot

le perroquet

bere ya polar

l'ours polaire

penguin

le pingouin

shark

le requin

phikoko

le paon

noga

le serpent

kwena

le crocodile

mohlokomedi wa di zoo

le gardien de zoo

sili

le phoque

jaquar

le jaguar

pokolo

le poney

lepogo

le léopard

hippo

l'hippopotame

thutlwa

la girafe

lenong

l'aigle

kolobe ya naga

le sanglier

hlaphi

le poisson

khudu

la tortue

walrus

le morse

phiri

le renard

phuthi

la gazelle

kgwele ya Amerika
l'american Football

go reila paesekela
le cyclisme

thenese
le tennis

basketball
le basket-ball

go rutha
la natation

ntwa ya matswele
la boxe

hockey ya lehlweng
le hockey sur glace

kgwele ya maoto

le football

badminton

le badminton

bakitimi

l'athlétisme

polo ya matsogo

le handball

skiing

le ski

polo

le polo

mediro
les activités

sega
rire
taboga
sauter
gokara
embrasser
sepela
marcher
opela
chanter
lora
rêver
rapela
prier
atla
faire la bise

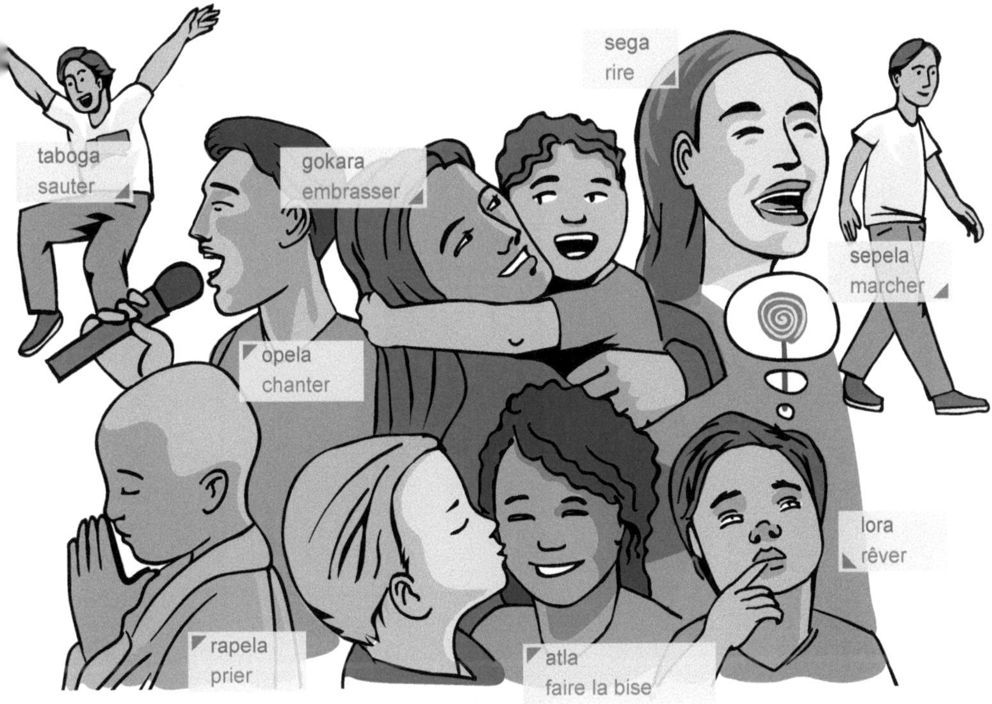

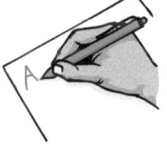

ngwala
écrire

thala
dessiner

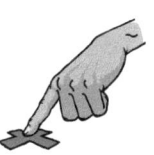

bontšha
montrer

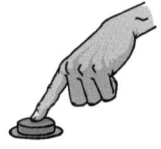

kgorometša
pousser

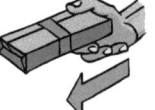

efa
donner

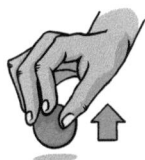

tšea
prendre

e ba le
avoir

dira
faire

eba
être

ema
être debout

kitima
courir

goga
trier

lahlela
jeter

e wa
tomber

maaka
être couché

emanyana
attendre

rwala
porter

dula
être assis

go apara
s'habiller

robala
dormir

tsoga
se réveiller

lebelela

regarder

lla

pleurer

seterouko

caresser

kamo

peigner

bolela

parler

kwešiša

comprendre

botšiša

demander

theetša

écouter

e nwa

boire

eja

manger

hlwekiša

ranger

lerato

aimer

apea

cuire

otlela

conduire

fofa

voler

sesa

faire de la voile

khalekhuleitha

calculer

bala

lire

ithute

apprendre

mošomo

travailler

nyala

se marier

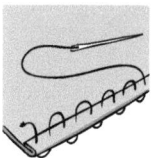

roka

coudre

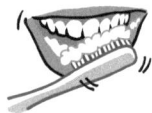

hlapa meno

brosser les dents

bolaya

tuer

kgoga

fumer

romela

envoyer

lelapa
la famille

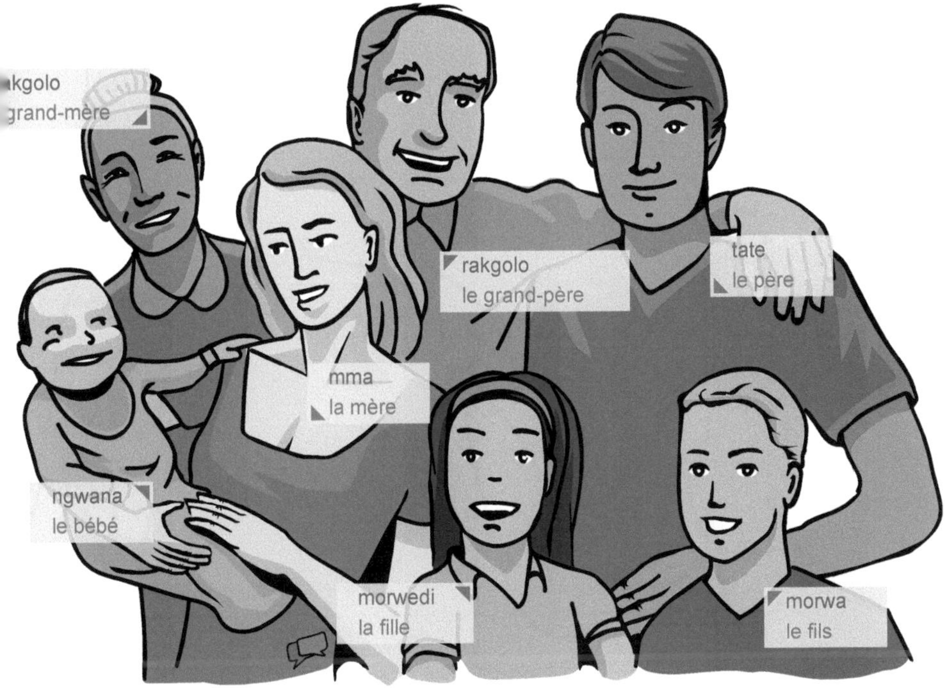

kgolo
grand-mère
rakgolo
le grand-père
tate
le père
mma
la mère
ngwana
le bébé
morwedi
la fille
morwa
le fils

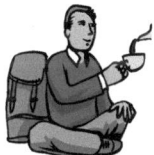

moeng

l'hôte

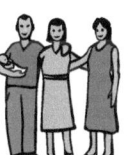

rakgadi

la tante

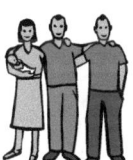

malome

l'oncle

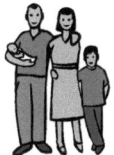

abuti

le frère

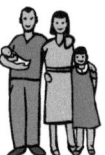

sesi

la sœur

mmele

le corps

phatla
le front
leihlo
l'œil
magetla
l'épaule
monwana
le doigt
sefahlego
le visage
seledu
le menton
seatla
la main
letswele
la poitrine
leoto
la jambe
letsogo
le bras

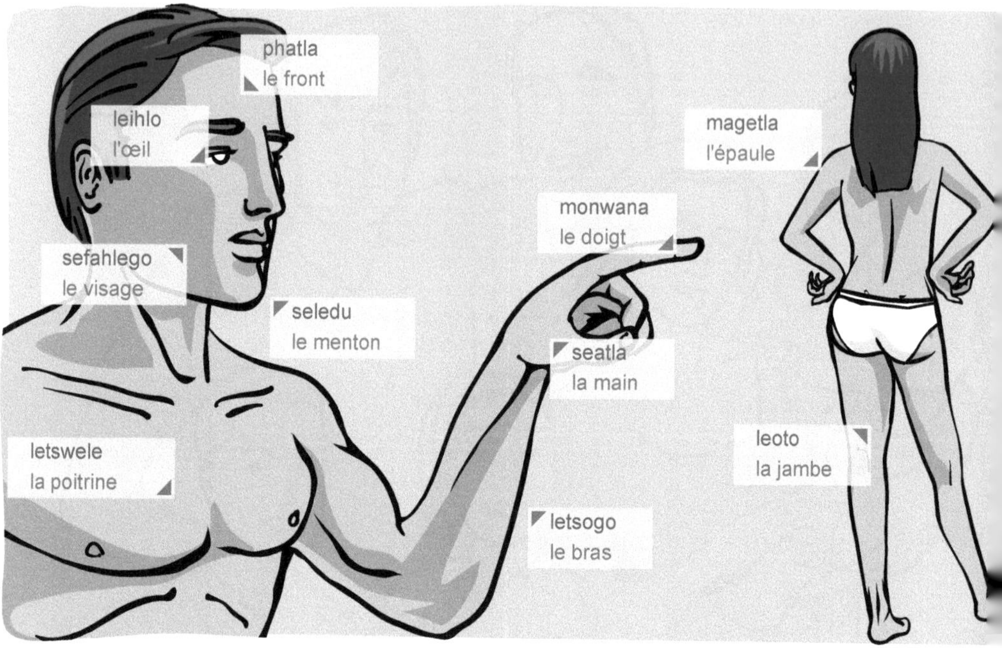

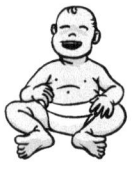

ngwana

le bébé

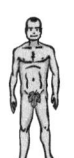

monna

l'homme

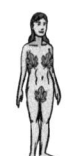

mosadi

la femme

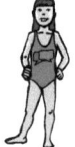

kgarebe

la fille

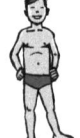

mošemane

le garçon

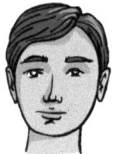

hlogo

la tête

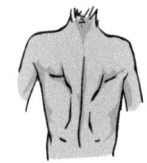

morago

le dos

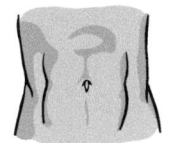

mokhaba

le ventre

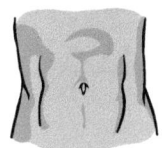

mokhubu

le nombril

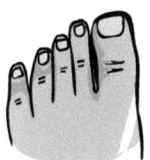

monwana

l'orteil

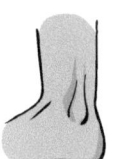

tlhako

le talon

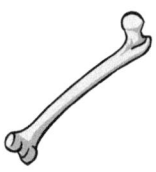

lerapo

l'os

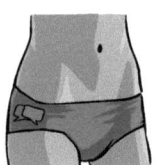

matheka

la hanche

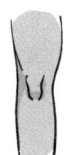

leoto

le genou

khuru

le coude

nko

le nez

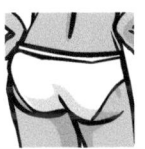

tlase

les fesses

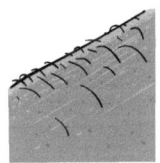

letlalo

la peau

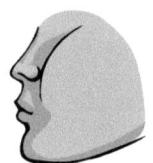

lerama

la joue

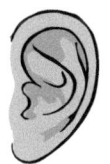

tsebe

l'oreille

molomo

la lèvre

molomo

la bouche

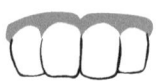

leino

la dent

Leleme

la langue

bjoko

le cerveau

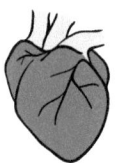

pelo

le cœur

segoba

le muscle

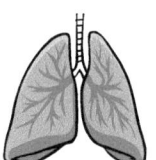

maswafo

les poumons

sebete

le foie

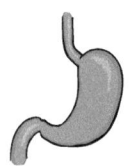

mala

l'estomac

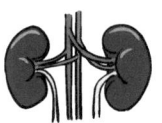

diphsio

les reins

thobalano

le rapport sexuel

condom

le préservatif

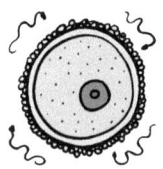

Ovum

l'ovule

matshedi

le sperme

go ima

la grossesse

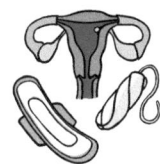

go bona kgwedi

la menstruation

setho sa bosadi

le vagin

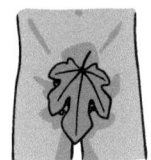

setho sa bonna

le pénis

dintši

le sourcil

moriri

les cheveux

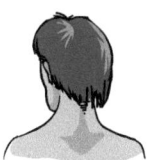

molala

le cou

sepetlele
l'hôpital

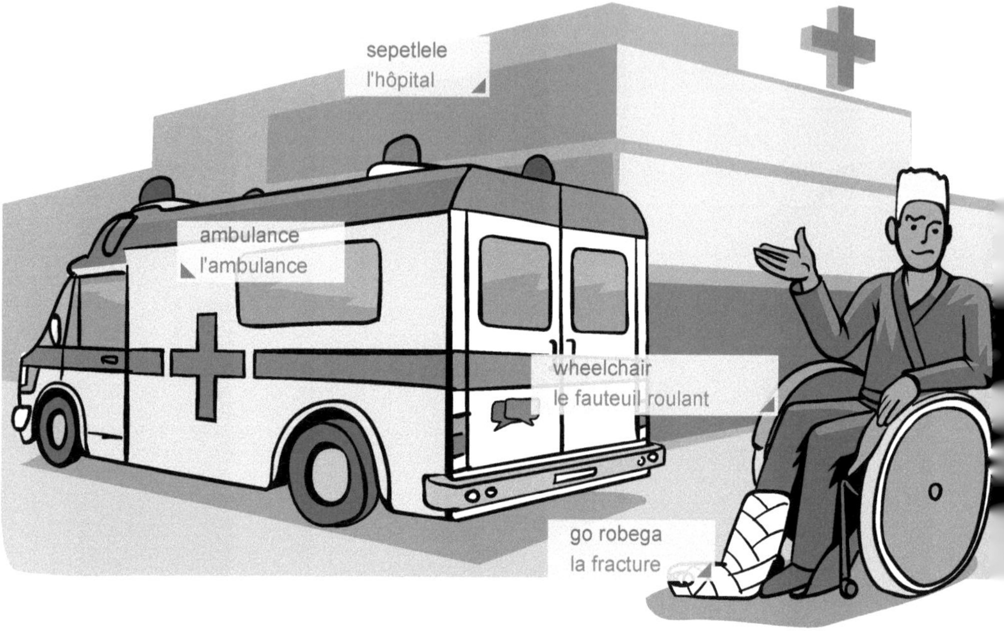

sepetlele
l'hôpital
ambulance
l'ambulance
wheelchair
le fauteuil roulant
go robega
la fracture

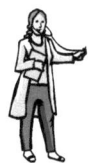

ngaka

le médecin

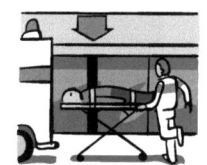

phapoši ya tša tšhoganetšo

le service des urgences

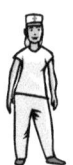

mooki

l'infirmière

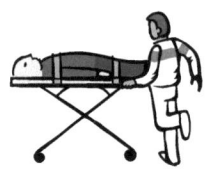

tšhoganetšo

l'urgence

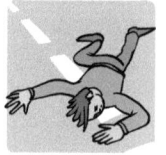

go idibala

inconscient

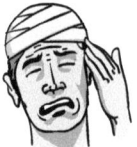

bohloko

la douleur

go gobala

la blessure

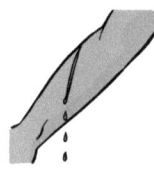

go tšwa madi

l'hémorragie

bolwetši bja pelo

la crise cardiaque

setorouko

l'attaque cérébrale

ge mmele o ganana le dijo

l'allergie

go gohlola

la toux

go gohlola

la fièvre

sehuba

la grippe

letšhollo

la diarrhée

go opa ke hlogo

le mal de tête

kankere

le cancer

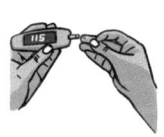

swikiri

le diabète

mmui

le chirurgien

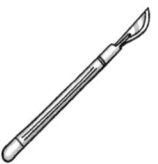

thipa ya scalpel

le scalpel

go bulwa

l'opération

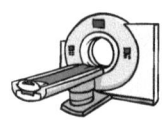

CT
le CT

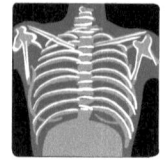

x-ray
la radiographie

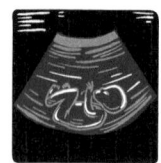

ultrasound
l'échographie

sethiba sefahlego
le masque

bolwetši
la maladie

phapoši ya go leta
la salle d'attente

lehlotlo
la béquille

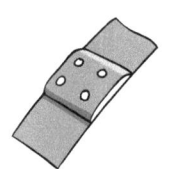

sedirišwa sa plaster
le pansement

lešela la ntho
le pansement

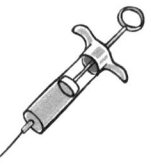

nalete
l'injection

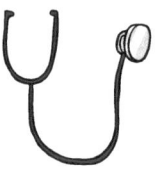

sthehosekoupo
le stéthoscope

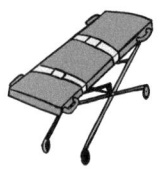

seteretšhara
le brancard

themoketha ya kgathelelo
le thermomètre

go belebga
l'accouchement

mmele o mogolo
la surcharge pondérale

sethuša ditsebe

l'appareil auditif

disinfectant

le désinfectant

twatši

l'infection

baerase

le virus

HIV / AIDS

le VIH / le sida

dihlare

le médicament

tlhabelo ya go thibela malwetši

la vaccination

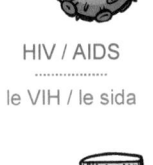

dipilisi

les comprimés

pilisi

la pilule

nogala wa tšhoganetšo

l'appel d'urgence

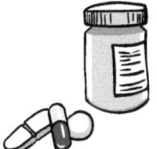

sehlahlobi sa pelo

le tensiomètre

go babja / phetše gabotse

malade / sain

Thušo!

Au secours !

alamo

l'alarme

go tšhošetšwa

l'assaut

tlhaselo

l'attaque

kotsi

le danger

go tšwa ka tšhoganetšo

la sortie de secours

Mollo!

Au feu!

setimamollo

l'extincteur

kotsi

l'accident

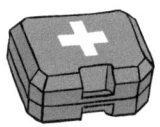

first-aid kit

la trousse de premier
secours

SOS

SOS

maphodisa

la police

Yuropa

l'Europe

Amerika Bodikela

l'Amérique du Nord

Amerika Borwa

l'Amérique du Sud

Afrika

l'Afrique

Asia

l'Asie

Australia

l'Australie

Atlantic

l'Océan atlantique

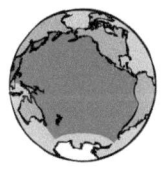

Pacific

l'Océan pacifique

Lewatle la India

l'Océan indien

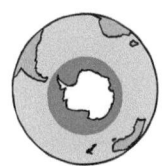

Lewatle la Antarctic

l'Océan antarctique

Lewatle la Arctic

l'Océan arctique

North Pole

le Pôle nord

South Pole

le Pôle sud

Antarctica

l'Antarctique

Lefase

la terre

naga

le pays

noka

la mer

island

l'île

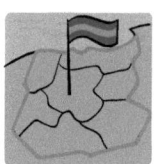

naga

la nation

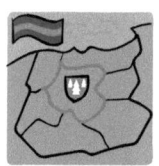

state

l'état

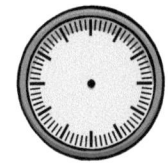

sešupanako sa dinomoro

le cadran

diiri tša sešupanako

l'aiguille des heures

metsotso ya sešupanako

l'aiguille des minutes

metsotswana ya sešupanako

l'aiguille des secondes

Ke nako mang?

Quelle heure est-il ?

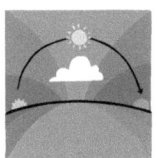

letšatši

le jour

nako

le temps

gona bjale

maintenant

sešupanako sa dinomoro

la montre digitale

metsotso

la minute

iri

l'heure

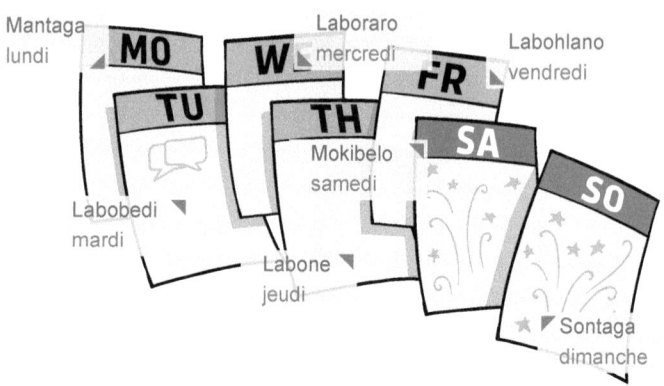

Mantaga
lundi
MO

Laboraro
mercredi
W

Labohlano
vendredi
FR

TU

TH

SA

Labobedi
mardi

Mokibelo
samedi

Labone
jeudi

Sontaga
dimanche

SO

maobane

hier

lehono

aujourd'hui

ka moswana

demain

mesong

le matin

Thapama

le midi

mantšiboa

le soir

MO	TU	WE	TH	FR	SA	SU
1	2	3	4	5	6	7
8	9	10	11	12	13	14
15	16	17	18	19	20	21
22	23	24	25	26	27	28
29	30	31	1	2	3	4

matšatši a kgwebo

les jours ouvrables

MO	TU	WE	TH	FR	SA	SU
1	2	3	4	5	6	7
8	9	10	11	12	13	14
15	16	17	18	19	20	21
22	23	24	25	26	27	28
29	30	31	1	2	3	4

mafelobeke

le week-end

ngwaga
l'année

pula
la pluie
molalatladi
l'arc-en-ciel
lehlwa
la neige
phefo
le vent
seruthwane
le printemps
lehlabula
l'automne
selemo
l'été
marega
l'hiver

4.APRIL 11°
5.APRIL 4°
6.APRIL 13°
7.APRIL 8°
8.APRIL 10°

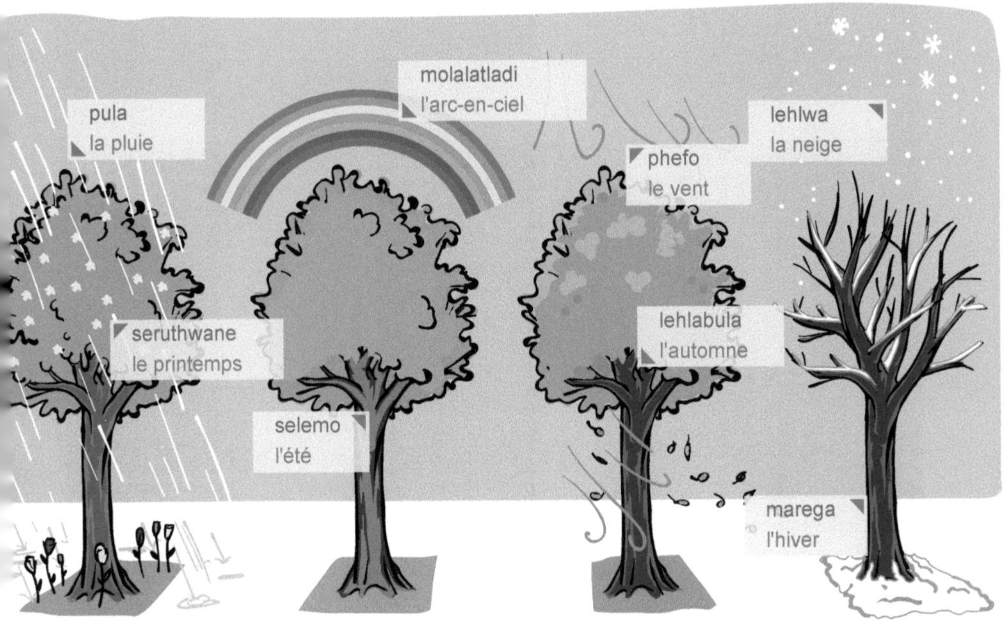

tsebišo ya leratadima

la météo

F
C
120
90
60
30
0
-30
40
30
20
10
0
-10
-20

thermometer

le thermomètre

mahlasedi a letšatši

la lumière du soleil

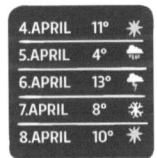

maru

le nuage

kgudi

le brouillard

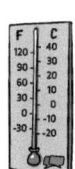

go koloba

l'humidité

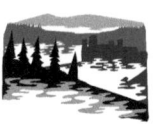

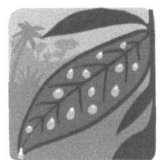

legadima

la foudre

legadima

la tonnerre

ledimo

la tempête

sefako

la grêle

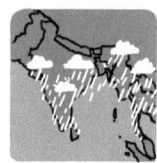

ledimo

la mousson

lefula

l'inondation

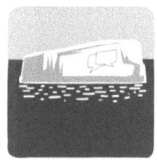

lehlwa

la glace

January

janvier

February

février

March

mars

April

avril

May

mai

June

juin

July

juillet

August

août

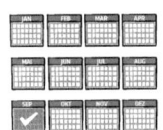

September
....
septembre

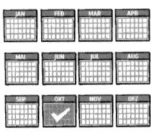

October
....
octobre

November
....
novembre

December
....
décembre

dibopego
les formes

nthokolo
....
le cercle

sekwere
....
le carré

rectangle
....
le rectangle

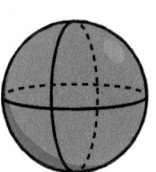

theraekele
....
le triangle

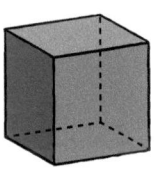

nthokolo
....
la sphère

cube
....
le cube

les couleurs

tshweu

blanc

kheri

jaune

namone

orange

pinki

rose

khubedu

rouge

phepholo

violet

pududu

bleu

tala

vert

tshehla

marron

kerei

gris

bontsho

noir

e dintši / tše dinyenyane

beaucoup / peu

befetšwe / theotše maswafo

fâché / calme

botse / befile

joli / laid

mathomo / mafelelo

le début / la fin

kgolo / nyenyane

grand / petit

seetša / leswiswi

clair / obscure

abuti / sesi

frère / soeur

hlwekile / ditšhila

propre / sale

feletše / ga se e felele

complet / incomplet

mosegare / bošego

le jour / la nuit

hwile / o sa phela

mort / vivant

go bulega / go tswalelega

large / étroit

e a jega / ga e jege

comestible / incomestible

bobe / go loka

méchant / gentil

mahlahlo / go tšwafa

excité / ennuyé

bokoto / bosese

gros / mince

mathomo / mafelelo

le premier / le dernier

mogwera / lenaba

l'ami / l'ennemi

e tletše / ga e na selo

plein / vide

tiile / e bonolo

dur / souple

ya roba / e bobebo

lourd / léger

tlala / mokhoro

faim / soif

go babja / phetše gabotse

malade / sain

ga e molaong / e molaong

illégal / légal

bohlale / lešilo

intelligent / stupide

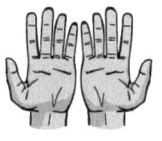

le letshadi / le letona

gauche / droite

kgaufsi / kgole

proche / loin

mapsha / e dirišitšwe

nouveau / usé

selo / se sengwe

rien / quelque chose

motšofadi / mofsa

vieux / jeune

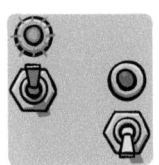

laeta / tima

marche / arrêt

bula / tswalela

ouvert / fermé

homola / rasa

faible / fort

go huma / go diila

riche / pauvre

e lokilego / e sa lokago

correct / incorrect

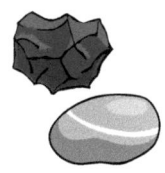

makgwakgwa / go thelela

rugueux / lisse

go nyama / go thaba

triste / heureux

mokopana / motelele

court / long

go nanya / go kitima

lent / rapide

go koloba / go oma

mouillé / sec

borutho / go tonya

chaud / froid

ntwa / khutšo

la guerre / la paix

dinomoro

les nombres

0

nnoto

zéro

1

tee

un / une

2

pedi

deux

3

tharo

trois

4

nne

quatre

5

tlhano

cinq

6

tshela

six

7

šupa

sept

8

seswai

huit

9

senyane

neuf

10

lesome

dix

11

lesome tee

onze

12

lesome pedi

douze

13

lesome tharo

treize

14

lesome nne

quatorze

15

lesome tlhano

quinze

16

lesome tshela

seize

17

lesome šupa

dix-sept

18

lesome seswai

dix-huit

19

lesome senyane

dix-neuf

20

masomepedi

vingt

100

lekgolo

cent

1.000

sekete

mille

1.000.000

milione

le million

Seisemane

l'anglais

Seisemane sa Amerika

l'anglais américain

Sechina sa Mandarin

le chinois mandarin

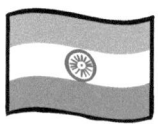

Sehindi

le hindi

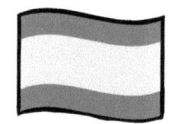

Spanish

l'espagnol

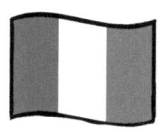

Sefora

le français

Searabic

l'arabe

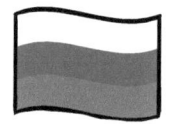

Serašia

le russe

Sepotokisi

le portugais

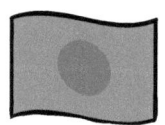

Sebengali

le bengali

Sejeremane

l'allemand

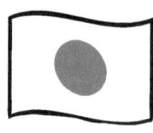

Sefapane

le japonais

Nna

je

wena

tu

yena / yona

il / elle / ce, c', cela

rena

nous

wena

vous

bona

ils / elles

bomang?

Qui ?

eng?

Quoi ?

bjang?

Comment ?

mo kae?

Où ?

neng?

Quand ?

leina

le nom

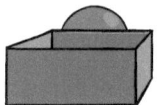

ka morago

derrière

go

dans

kgaufsi le

devant

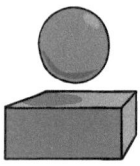

godimo ga

au-dessus

go

sur

ka tlase ga

en-dessous

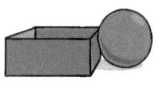

ka lehlakoreng la

à côté de

magareng ga

entre

lefelo

le lieu